T0015876

HÉROES DE DUNKERQUE

Lisa L. Owens

ediciones Lerner ◆ Mineápolis

ediciones Lerner
Una división de Lerner Publishing Group, Inc.
241 First Avenue North
Mineápolis, MN 55401, EE. UU.

Si desea averiguar acerca de niveles de lectura y para obtener más
información, favor consultar este título en www.lernerbooks.com.

Fuente del texto del cuerpo principal: Aptifer Slab LT Pro Regular 11/18.
Fuente proporcionada por Linotype AG.

Library of Congress Cataloging-in-Publication Data

Names: Owens, L. L., author.
Title: Héroes de Dunkerque / Lisa L. Owens.
Other titles: Heroes of Dunkirk. Spanish
Description: Minneápolis : ediciones Lerner, 2023. | Series: Alternator books
   en español | Includes index. | Audience: Ages 8–12 | Audience: Grades 4–6 |
   Summary: "In 1940 more than 300,000 Allied soldiers escaped across the
   English Channel as Nazi armies swept across France. Learn about the
   military campaign known as the "Miracle of Dunkirk." Now in Spanish!"—
   Provided by publisher.
Identifiers: LCCN 2022018568 (print) | LCCN 2022018569 (ebook) |
   ISBN 9781728477275 (library binding) | ISBN 9781728478067 (paperback) |
   ISBN 9781728479859 (ebook)
Subjects: LCSH: Dunkirk, Battle of, Dunkerque, France, 1940—Juvenile
   literature. | Great Britain. Army. British Expeditionary Force—History—
   World War, 1939-1945—Juvenile literature.
Classification: LCC D756.5.D8 O9418 2023 (print) | LCC D756.5.D8 (ebook) |
   DDC 940.54/21428—dc23/eng/20220429

LC record available at https://lccn.loc.gov/2022018568
LC ebook record available at https://lccn.loc.gov/2022018569

Fabricado en los Estados Unidos de América
1-52363-50720-5/5/2022

CONTENIDO

INTRODUCCIÓN
DESTINO DUNKERQUE

El sargento británico John Bridges entró en pánico. El enemigo se acercaba, y él no podía moverse. Su rifle se enganchó en un cable y, cuando trató de liberar el arma, él también se enredó en el cable. "Cuanto más intentaba soltarme, más me enredaba", dijo.

Los soldados se retiraron de los nazis tan rápidamente que a menudo tuvieron que dejar atrás el equipo militar.

Bridges fue uno de los más de cuatrocientos mil soldados que huyeron de una enorme fuerza militar alemana nazi en la primavera de 1940. Había estado marchando con su batallón del ejército cerca de De Panne, Bélgica. Los alemanes estaban bombardeando el camino que recorrían sus hombres. Bridges tenía que moverse rápidamente o se quedaría atrás, con pocas probabilidades de sobrevivir.

EL MUNDO EN GUERRA

La Segunda Guerra Mundial (1939-1945) comenzó el 1 de septiembre de 1939, cuando alrededor de 1.5 millones de soldados alemanes invadieron Polonia. Utilizando una táctica llamada Blitzkrieg, los alemanes superaron rápidamente a las fuerzas armadas polacas. Gran Bretaña y Francia declararon la guerra a Alemania dos días después.

Adolf Hitler se convirtió en el líder de Alemania en 1933.

Alemania invadió Noruega y Dinamarca en abril de 1940. Luego, en mayo y junio, tomaron los Países Bajos, Bélgica y Francia. La Blitzkrieg alemana abrumó a las fuerzas aliadas y las obligó a retirarse. Los alemanes presionaron a los Aliados desde el sur y el oeste hacia el Canal de la Mancha en Dunkerque, Francia, cerca de la frontera con Bélgica. Los alemanes querían atraparlos allí contra el agua.

CAPÍTULO 1
CRUELDAD INUSUAL

Bridges y sus compañeros no estaban solos en el camino.
Los civiles y los animales de granja aterrorizados también
huyeron de las bombas y los tanques nazis. Los puentes
se sentían como si hubieran sido arrasados por un
incendio forestal.

Los ataques alemanes desde el
aire provocaron el miedo entre los
soldados y los civiles de toda Francia.

Estados Unidos no entró en la Segunda Guerra Mundial hasta diciembre de 1941. Pero el gobierno estadounidense seguía de cerca el conflicto. En una emisión de radio del 26 de mayo de 1940, el presidente Franklin D. Roosevelt describió la retirada a Dunkerque al público estadounidense: "Esta noche, sobre las otrora pacíficas carreteras de Bélgica y Francia, millones de personas ahora se mueven al huir de sus hogares para escapar de las bombas y los proyectiles . . . sin refugio y casi totalmente sin comida".

Dunkerque, mayo-junio de 1940

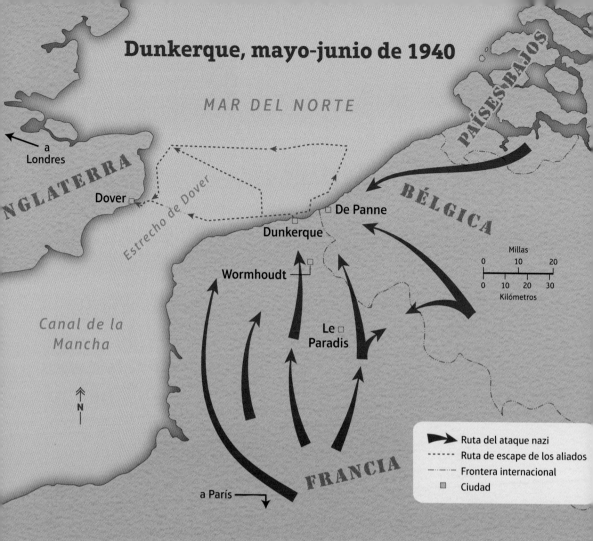

MAR DEL NORTE

a Londres

INGLATERRA

Dover

Estrecho de Dover

De Panne

Dunkerque

Wormhoudt

Le Paradis

PAÍSES-BAJOS

BÉLGICA

Canal de la Mancha

N

a París

FRANCIA

Millas
0   10   20
0   10   20   30
Kilómetros

Ruta del ataque nazi
Ruta de escape de los aliados
Frontera internacional
Ciudad

El batallón de Bridges marchó a una playa cerca de De Panne. Dunkerque estaba justo delante. Mientras los aviones enemigos sobrevolaban, los hombres se mantenían quietos. Era una noche brillante, iluminada por la luna. Los hombres sabían que sus huellas en la arena húmeda podían ser visibles para los aviones que los sobrevolaban. Les preocupaba que el enemigo los encontrara con facilidad. Cuando los aviones se alejaron, los soldados descansaron, acurrucados en la arena.

LE PARADIS Y WORMHOUDT

Los soldados aliados no tuvieron más remedio que huir
del poderoso ejército alemán. Rendirse no era garantía de
seguridad. El 27 de mayo de 1940, en Le Paradis, Francia,
las fuerzas alemanas capturaron a noventa y nueve
soldados británicos. En lugar de hacerlos prisioneros, los
nazis abrieron fuego con ametralladoras. Solamente dos de
los hombres sobrevivieron.

Prisioneros británicos suben una colina en 1940. Después de la guerra, algunos oficiales militares alemanes y otros líderes fueron juzgados por su maltrato a los prisioneros.

Al día siguiente, los nazis capturaron a un grupo de cien soldados británicos entre los que se encontraba Bert Evans, de diecinueve años. Los alemanes los obligaron a entrar en un granero cerca de Wormhoudt, Francia. Luego lanzaron granadas dentro del granero. Dos valientes soldados británicos se lanzaron sobre las bombas, sacrificando sus vidas para salvar a los demás.

HÉROE DESTACADO

Bill O'Callaghan salvó la vida de su compañero británico Albert Pooley en La Paradis. La pierna de Pooley estaba gravemente dañada. Aunque O'Callaghan había recibido un disparo en el brazo, sacó a Pooley del lugar. Se escondieron en una pocilga durante tres días, y sobrevivieron con agua sucia y patatas crudas. Los alemanes no tardaron en hacerlos prisioneros. Después de la guerra, O'Callaghan y Pooley contaron sus historias para ayudar a condenar al comandante nazi de La Paradis por crímenes de guerra.

Los prisioneros británicos comen y beben bajo la atenta mirada de los guardias alemanes. Antes de que comenzara la Segunda Guerra Mundial, Alemania y otros países habían acordado normas sobre el trato a los prisioneros, pero Alemania a menudo las ignoraba.

Evans perdió un brazo en las explosiones. Su compañero, James Lynn-Allen, salió ileso y vio la oportunidad de huir. Arrastró a Evans con él, negándose a dejar de lado del herido. Los nazis no tardaron en alcanzar a ambos hombres y los fusilaron. Lynn-Allen fue uno de los ochenta soldados británicos que murieron en Wormhoudt. Evans sobrevivió a sus heridas y pasó los siguientes años en un campo de prisioneros.

CAPÍTULO 2
OPERACIÓN DÍNAMO

Las tropas aliadas que llegaron a Dunkerque en la primavera de 1940 tenían pocas opciones. Los alemanes atacaban por aire y avanzaban por tierra. Cruzar a nado el Canal de la Mancha no era posible. Los aliados estaban atrapados al borde del agua. Sin poder detener a las fuerzas alemanas que se acercaban, la situación era desesperante.

Los soldados aliados cerca de Dunkerque se mantienen agachados para evitar las balas y las bombas nazis.

Winston Churchill

Winston Churchill se convirtió en primer ministro de Gran Bretaña el 10 de mayo de 1940. Recordó las difíciles circunstancias unas semanas después: "Los ejércitos belga, británico y francés estaban casi rodeados. Su única línea de retirada era hacia las playas [de Dunkerque y las cercanas]. Estaban presionados por todos lados por fuertes ataques y muy superados en número en el aire".

Poco después de convertirse en primer ministro, Churchill ordenó una misión secreta de rescate. Los militares enviarían barcos a través del Canal de la Mancha para recoger a los soldados aliados. Con el poderío de los militares nazis que se cernían sobre Dunkerque, sería una misión increíblemente peligrosa.

Bertram Ramsay se retiró de la marina británica en 1938. Volvió al servicio al comienzo de la Segunda Guerra Mundial para luchar por su país.

El vicealmirante Bertram Ramsay de la Marina Real Británica creó el plan de evacuación. Su nombre en clave era Operación Dínamo. Organizar casi mil barcos para ir a la guerra fue una tarea enorme. Pero cientos de miles de vidas estaban en peligro.

CTIM DESTACADO

La fuerza aérea nazi, o Luftwaffe, dominaba los cielos de Europa en los primeros años de la Segunda Guerra Mundial. Sus cazas eran más potentes que los aviones de los Aliados. El Messerschmitt Bf 109 nazi (*abajo*) tenía un diseño moderno y un gran motor. Podía surcar el cielo a unas 350 millas (563 km) por hora. Con ametralladoras, cañones y bombas, el Bf 109 podía atacar objetivos en aire y tierra.

CAPÍTULO 3
PELIGRO A CADA PASO

Bridges vio Dunkerque desde la playa la mañana del 1 de junio. Vio barcos alineados en el agua. Uno por uno, se acercaban a la orilla y se enfrentaban a multitudes de soldados que esperaban.

Bridges tenía que subir a uno de esos barcos. Era su única oportunidad de escapar de la captura o algo peor.

Soldados de los Aliados se preparan para subir a un barco de rescate británico en el puerto de Dunkerque. Los soldados llegaron a los barcos de rescate desde muelles, barcos más pequeños y el agua.

Soldados británicos se dirigen a un barco de rescate mientras otros vigilan los ataques alemanes.

Los aviones nazis centraron sus ataques en Dunkerque, donde esperaban enormes multitudes de soldados. Bridges decidió evitar entrar en la abarrotada y peligrosa ciudad. En lugar de ello, nadó hacia el mar para tratar de conseguir un transporte. Un pequeño barco aliado lo recogió, pero pronto chocó con el barco británico HMS *Ivanhoe*. ¡El impacto lanzó a Bridges por los aires! Se agarró al lateral del *Ivanhoe* y saltó a bordo.

CTIM DESTACADO

Los dragaminas británicos se encargaban de encontrar y destruir minas alemanas, bombas flotantes que explotaban al entrar en contacto con un barco. Alemania también colocó minas magnéticas en las aguas cercanas a Gran Bretaña. Las minas magnéticas explotaban cuando detectaban cambios en el campo magnético de la Tierra causados por un barco cercano. Como la mina no tenía que entrar en contacto con un barco para explotar y dañarlo, Alemania podía colocar minas magnéticas en el fondo del mar en aguas poco profundas. Esto las hacía extremadamente difíciles de encontrar.

Al poco tiempo, los aviones nazis bombardearon el *Ivanhoe* y Bridges se lanzó al agua. Nadó hasta otro barco, un dragaminas. "Ese día sentí que podía nadar hasta Inglaterra", dijo Bridges.

El dragaminas entró en el puerto de Dunkerque. Los soldados se apresuraron a llenar todos los rincones del barco antes de que el dragaminas regresara a Gran Bretaña. Finalmente, Bridges llegó a casa.

BARCOS CIVILES

Alrededor de setecientos barcos no militares ayudaron en la evacuación de Dunkerque. Participaron barcos de todo tipo y tamaño. Desde grandes yates privados hasta barcos

de pesca de 15 pies (4.5 metros) ayudaron a salvar a
los soldados.

El personal militar pilotaba la mayoría de los barcos.
Pero contaron con mucha ayuda de voluntarios civiles. Se
calcula que unos cien mil soldados fueron rescatados de
Dunkerque en barcos no militares.

Un remolcador arrastra barcos de pesca
por el río Támesis cerca de Londres,
Inglaterra, en 1940. Los marineros
británicos utilizaron posteriormente los
barcos durante la Operación Dinamo.

CAPÍTULO 4
EVACUACIÓN

El oficial británico William Tennant fue jefe de playa durante la Operación Dínamo. Supervisó el traslado de cientos de miles de soldados desde las costas de Dunkerque hasta los barcos de rescate. Tennant estaba tan involucrado en todos los aspectos de la operación que los marineros lo llamaban Joe de Dunkerque.

Los enormes grupos de soldados aliados cerca de Dunkerque proporcionaron a las fuerzas nazis muchos objetivos para atacar.

Además de servir como jefe de playa durante la Operación Dínamo, William Tennant desempeñó un papel clave en el Día D, la invasión de Francia en 1944 por parte de los Aliados.

La complicada tarea requirió la ayuda del equipo de capitanes de muelle de Tennant, situados a lo largo del puerto. Ayudaron a gestionar el flujo de soldados desde la playa hasta los barcos. Las enfermeras atendieron a los heridos, tanto en la playa como a bordo de los barcos.

La evacuación duró nueve días bajo fuertes ataques nazis. El camarógrafo Charles Martin estuvo allí para grabar la Operación Dínamo. Le asombraba cómo los soldados mantenían la calma ante un peligro tan grande. Mientras estaba a bordo de un barco en el puerto de Dunkerque, observó a miles de soldados en la orilla, alineados para subir a los barcos. De repente, los aviones alemanes dispararon balas desde lo alto. "La playa parecía un lugar de muertos", dijo Martin, "pues las tropas se habían tirado a la arena. Yo esperé. Y entonces todos se levantaron de nuevo: ilesos, y todavía en fila".

EL ESPÍRITU DE DUNKERQUE

No todos lograron salir de Dunkerque. Los barcos de rescate británicos no tenían espacio para los civiles. Alemania capturó a miles de soldados británicos y franceses. Muchos otros soldados aliados murieron durante la lucha. Los alemanes dañaron o destruyeron más de trescientos barcos aliados durante la Operación Dínamo.

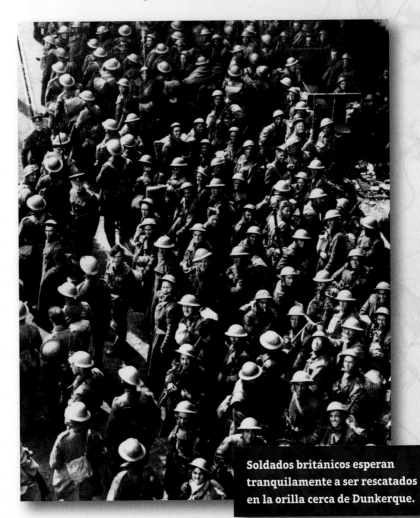

Soldados británicos esperan tranquilamente a ser rescatados en la orilla cerca de Dunkerque.

Pero los aliados no desesperaron. Al contrario, lucharon y rescataron a unos 340,000 soldados aliados de las costas del norte de Francia. Muchos lo llamaron el Milagro de Dunkerque.

HÉROE DESTACADO

El capitán del remolcador británico J. Fryer navegó hacia Dunkerque el 30 de mayo de 1940. "Llegamos a Dunkerque a las 2:45 p. m.", escribió en su diario. "Se produjeron fuertes disparos y cañonazos. También hubo bombardeos". Fryer trabajó incansablemente a través de las explosiones, los incendios y el denso humo durante la misión de rescate. Ayudó a remolcar las embarcaciones dañadas a un lugar seguro y llevó a los soldados a Dover, Inglaterra.

Soldados británicos saludan y sonríen al llegar a Londres tras participar en el Milagro de Dunkerque.

Algunos atribuyen el éxito de la Operación Dínamo al liderazgo de Tennant. Se quedó en Dunkerque hasta el final de la misión, y buscó a más soldados que rescatar. Caminó arriba y abajo de la playa, llamando: "¿Hay algún soldado británico todavía en tierra?"

Tennant fue, sin duda, un héroe. Pero hubo otros innumerables héroes entre las tropas, el personal médico, los periodistas y los civiles que participaron en la misión. Todos ellos trabajaron juntos para salvar a un ejército. Su trabajo en equipo y su dedicación inspiraron la idea del espíritu de Dunkerque. Esta expresión británica describe a las personas que se niegan a aceptar la derrota y que se ayudan mutuamente en los momentos más difíciles.

1939 septiembre 1	Alemania invade Polonia para iniciar la Segunda Guerra Mundial.
1939 septiembre 3	Gran Bretaña y Francia declaran la guerra a Alemania.
1940 abril 9	Alemania invade Dinamarca y Noruega.
1940 mayo 10	Alemania invade Bélgica, los Países Bajos, Luxemburgo y Francia.
1940 mayo 10	Winston Churchill se convierte en primer ministro de Gran Bretaña.
1940 mayo 19	Churchill ordena una misión secreta de rescate de las tropas aliadas en Dunkerque.
1940 mayo 26	El presidente estadounidense Franklin D. Roosevelt se dirige a la retirada de los Aliados en Dunkerque en una emisión de radio.
1940 mayo 26-junio 4	La Operación Dínamo evacua a las fuerzas aliadas de Dunkerque.

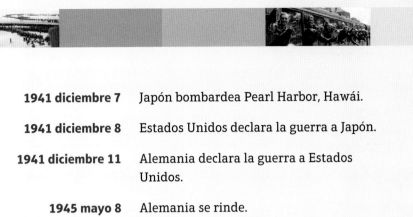

1941 diciembre 7   Japón bombardea Pearl Harbor, Hawái.

1941 diciembre 8   Estados Unidos declara la guerra a Japón.

1941 diciembre 11   Alemania declara la guerra a Estados Unidos.

1945 mayo 8   Alemania se rinde.

1945 septiembre 2   Japón se rinde, poniendo fin a la Segunda Guerra Mundial.

Notas de la fuente

4 "Dunkirk Evacuation: Sgt John Bridges," *BBC*, consultado el 2017 noviembre 1, http://www.bbc.co.uk/archive/dunkirk/14318.shtml.

9 "Dunkirk Evacuation Ends," *Historia*, consultado el 2017 noviembre 1, http://www.history.com/this-day-in-history/dunkirk -evacuation-ends.

15 Winston Churchill, "We Shall Fight on the Beaches," *Guardian* (Londres), 2007 abril 20, https://www.theguardian.com/theguardian /2007/apr/20/greatspeeches1.

20 "Dunkirk Evacuation," *BBC*.

24 "Charles Martin Describes Dunkirk," *BBC*, consultado el 2017 noviembre 1, http://www.bbc.co.uk/archive/dunkirk/14314.shtml.

26 "Dunkirk: A Personal Perspective," *BBC*, consultado el 2017 noviembre 1, http://www.bbc.co.uk/archive/dunkirk/14324.shtml.

27 "Admiral William Tennant: Hero of the Dunkirk Evacuation," *BBC*, modificado por última vez el 2010 mayo 24, http://news.bbc.co.uk /local/herefordandworcester/hi/people_and_places/history /newsid_8701000/8701355.stm.

Glosario

batallón: grupo organizado de soldados

Blitzkrieg: ataque militar rápido y poderoso

campo magnético: zona alrededor de un objeto magnético en la que se puede detectar el magnetismo

cazas: aviones militares pequeños y rápidos equipados con armas

civiles: personas que no son miembros del ejército

crímenes de guerra: delitos cometidos durante la guerra, como el maltrato a los prisioneros

dragaminas: pequeños buques de guerra que retiran las bombas del agua

evacuación: el acto de alejar a las personas del peligro

fuerzas aliadas: países como Gran Bretaña, Francia, Estados Unidos y otros que lucharon contra Alemania, Japón y otros países en la Segunda Guerra Mundial

muelle: estructura utilizada como lugar de desembarco o pasarela en el agua

MÁS INFORMACIÓN

Dunkirk Evacuation
https://www.parkfieldsschool.co.uk/_documents/%5B479033%5DKS2
_Dunkirk_fact_file.pdf?msclkid=ac423b33b68e11ec93227b18533c643d

Poole Woman Remembers Evacuation from Dunkirk
https://www.bbc.com/news/av/uk-england-dorset-40673642

Labrecque, Ellen. *Who Was Winston Churchill?* Nueva York: Grosset & Dunlap, 2015.

Osborne, Mary Pope y Natalie Pope Boyce. *World War II*. Nueva York: Random House, 2017.

Oxlade, Chris. *Inside Fighter Planes*. Mineápolis: Hungry Tomato, 2018.

Williams, Brian. *World War II: Visual Encyclopedia*. Nueva York: DK, 2015.

World War II
http://www.ducksters.com/history/world_war_ii

Índice

Créditos por las fotografías

Las imágenes de este libro se han utilizado con el permiso de: iStock.com/akinshin (fondos de alambre de espino en toda la obra); iStock.com/ElementalImaging (fondo de camuflaje en toda la obra); ullstein bild/Getty Images, pp. 4–5, 7, 14, 22, 24, 29; Roger Viollet/Getty Images, p. 6; Topical Press Agency/Hulton Archive/Getty Images, pp. 8, 28; Bettmann/Getty Images, p. 9; Laura Westlund/Independent Picture Service, p. 10; Corbis Historical/Getty Images, p. 11; iStock.com/aaron007, pp. 12, 26 (marco de alambre de espino); Galerie Bilderwelt/Hulton Archive/Getty Images, p. 13; Central Press/Hulton Archive/Getty Images, p. 15; C.J. Ware/BIPPA/Hulton Archive/Getty Images, p. 16; Bob Thomas/Popperfoto/Getty Images, p. 17; Hulton Archive/Getty Images, p. 18; Popperfoto/Getty Images, pp. 19, 23, 26, 27, 29; Keystone/Hulton Archive/Getty Images, p. 21; Paul Popper/Popperfoto/Getty Images, p. 25.

Portada: SuperStock/Getty Images (principal); iStock.com/akinshin (fondos de alambre de espino); iStock.com/ElementalImaging (fondo de camuflaje); iStock.com/MillefloreImages (fondo de bandera).